Gesunde Power aus dem

Mixer

Estérelle Payany

Gesunde Power aus dem Mixer

Smoothies, Suppen, kleine Gerichte & Desserts

Aus dem Französischen von Elisabeth Liebl

HANS-NIETSCH-VERLAG

INHALT

Alles (oder fast alles), was Sie über Hochleistungsmixer wissen müssen 6

Grundrezepte und kleine Gerichte
Selbst gemahlenes Mehl 14
Schneller Pizzateig 16
Buchweizen-Polenta mit Champignons 17
Nussmus & Co. 18
Veggie-Sahne und -Creme 20
Herzhafte Brotaufstriche 22
Crudités 24
Pastinaken-Pfannkuchen mit Coleslaw 26
Mousseline 28
Italienische Tomaten-Gewürzmischung 29

Vegane Milch, Smoothies, Suppen und Drinks
Vegane Milch 32
Smoothies 36
Rohköstliche Suppen 42
Heiße Gemüsesuppen 46
Erfrischender Gurken-Mojito 48
Citronnade 48
Frappuccino 50

Desserts und gesunde Leckereien
Konfitüren und Fruchtmuse 54
Süße Brotaufstriche 56
Karamellisierte Apfelbutter mit salziger Note 58
Wärmender Erkältungstrunk 60
Torta caprese bianca 62
Crêpes 64
Schnelle Cremes zum Dessert 66
Vegane Obsttörtchen 68
Gewürzzucker 70
Sorbet 72

Verzeichnis der Rezepte 75
Literaturempfehlungen 76
Bezugsquellen 76

Alles (oder fast alles), was Sie über **Hochleistungsmixer** wissen müssen

Haushaltsübliche Mixer sind im Grunde Küchenmaschinen mit besonders hohem Mixbehälter, in dem mehrere Messer rotieren, um pürierte Gerichte wie Suppen oder Smoothies zuzubereiten. Doch mittlerweile gibt es leistungsstärkere Geräte, die uns ganz neue kulinarische Möglichkeiten eröffnen und Mixer, Getreidemühle, Eismaschine, Nussmilchbereiter, Teigknetmaschine, Gemüsereibe und Eiscrusher in einem sind. Da Superhelden heutzutage „in" sind, könnte man diese neuen Mixer auch als „Superhelden der Küche" bezeichnen. Ob Sie bereits einen dieser potenten Küchenhelfer besitzen oder mit dem Gedanken spielen, einen anzuschaffen: Im Folgenden finden Sie alles, was Sie über Hochleistungsmixer wissen sollten.

Die Geschwindigkeit macht den Unterschied

Die wichtigste Besonderheit der neuen Mixergeneration ist zweifelsohne die Geschwindigkeit, mit der ihre Messer rotieren. Hochleistungsmixer schaffen bis zu 32.000 Umdrehungen pro Minute. Ein guter Mixer traditioneller Bauart hingegen bringt es maximal auf 11.500 Umdrehungen pro Minute. Oder auf den Punkt gebracht: Ein Hochleistungsmixer ist dreimal so stark wie ein herkömmlicher Mixer. Das bedeutet, dass er auch besonders harte Zutaten (wie Eiswürfel, Käse oder bestimmte Gemüsesorten) genauso fein zerkleinert wie weiche.

Umgekehrt können Sie einen Turbo-Mixer auch bis zu viermal langsamer laufen lassen als herkömmliche Geräte. Durch eine Drosselung des Motors werden so niedrige Drehzahlen wie 1000 Umdrehungen pro Minute erreicht. Das ist vor allem wichtig, wenn die fertigen Gerichte noch stückige Zutaten enthalten sollen, wie z. B. bei Salsas oder rohen Gemüsesuppen. Oder wenn Sie bestimmte Zutaten ohne Handarbeit vermengen wollen.

Die bekanntesten Hersteller

Der älteste unter den Hochleistungsmixern ist der *Vitamix* aus den USA. Er wird seit 1937 hergestellt und gilt als außergewöhnlich robust. Man findet diesen Profi-Mixer immer wieder in Saft- und Smoothiebars, weil er buchstäblich alle Zutaten zu einem glatten Drink verarbeiten kann. Der Hersteller gibt auf das gute Stück sogar sieben Jahre Garantie. In Deutschland, Österreich und der Schweiz ist der *Vitamix* meist nur in Online-Shops erhältlich.

Der *Vitamix TNC 5200* ist der Klassiker. Die beinahe 80 Jahre Firmengeschichte merkt man diesem Gerät an, denn es ist absolut ausgereift. Die solide Verarbeitung macht es zu einem langlebigen und strapazierfähigem Küchenhelfer, die einfache manuelle Bedienung macht das Arbeiten kinderleicht und dank der enormen Power sowie dem besonderen Design der Stahlklingen sind die Ergebnisse immer grandios. Er ist serienmäßig mit einem Stößel (Stopfer) ausgestattet, der das Mixgut gefahrlos nach unten in die rotierenden Messer presst. Dadurch wird das Ergebnis besonders homogen. Die Geschwindigkeit des *Vitamix* lässt sich von 1000 bis 24.000 Umdrehungen pro Minute regulieren. Mit dem Turboschalter werden sogar 30.000 Umdrehungen erreicht, was besonders am Ende des Mixvorgangs nützlich ist. In den letzten Jahren brachte Vitamix einige neue Modelle auf den deutschen Markt, die den unterschiedlichsten Bedürfnissen Rechnung tragen. Sie sind kompakter, haben ein moderneres Design, eine Programmautomatik oder bieten eine noch höhere Leistung.

Doch auch deutsche Hersteller gibt es mittlerweile. Besonders erfolgreich ist die Firma *Bianco* aus Köln, nicht nur wegen der Leistungsfähigkeit ihrer Geräte, sondern auch wegen der innovativen Designkonzepte, die den Mixer zu einem Blickfang in der Küche machen. Das Arbeitstier in der Modellpalette ist der *Bianco forte*. Es zeichnet sich durch ein besonders gutes Preis-Leistungs-Verhältnis aus. Das Bedienkonzept setzt auf Automatikprogramme; sie erlauben, dass heiße Suppen, Saucen, Soja- und Nussmilch, Frucht- und grüne Smoothies mit einem Tastendruck zubereitet werden können. Alternativ gibt es aber auch die Möglichkeit, Geschwindigkeit und Laufzeit nach Wunsch zu wählen.

Gut, zu wissen …

Kaum jemand kaut so gründlich, dass die Nahrung ausreichend zerkleinert ist und alle Nähr- und Vitalstoffe freigesetzt werden, die in Obst, Gemüse und anderen pflanzlichen Lebensmitteln stecken. Genau dazu ist der Hochleistungsmixer innerhalb kürzester Zeit in der Lage: Der starke Motor, die schnelle Rotation der Messer und die Behälterform sorgen dafür, dass die Zellwände aufgebrochen werden und der menschliche Organismus alle in pflanzlichen Lebensmitteln enthaltenen Vitalstoffe optimal aufnehmen kann.
Sehr gesundes Gemüse führt bei vielen Menschen zu Verdauungsproblemen, vor allem wenn sie es roh zu sich nehmen. Hochleistungsmixer können das menschliche Verdauungssystem entlasten, indem sie schwer verdauliche Pflanzenfasern so fein zerkleinern, dass sie Magen und Darm problemlos passieren. Sie sind also eine ideale Hilfe für alle, die mehr Frisches auf ihren Speiseplan setzen möchten.
Und ein weiterer Vorteil der Hochleistungsmixer: Die Helden der modernen Küche sorgen für einen vollen Geschmack, denn sie fördern nicht nur die Vital-, sondern auch die Geschmacksstoffe der pflanzlichen Lebensmittel zutage. Die Zubereitungen erhalten darüber hinaus eine seidenweiche Konsistenz, was den Genuss vollkommen macht.

Neben dem *Bianco forte* gibt es das besonders preiswerte Einsteigermodell *Bianco primo,* das etwas weniger Motorleitung bietet, die aber immer noch für die meisten Anwendungen bequem ausreicht. Für Designfreunde gibt es im höheren Preissegment den *Bianco puro* und den *Bianco diver*.

Anmerkung: Es gibt zudem einen „Mini-Power-Mixer", den *Personal Blender*, mit auswechselbarem Mixbecher, der sich gut für die Reise und für kleine Mengen eignet. Auch er schafft es problemlos, Gewürze fein zu vermahlen oder Eiswürfel zu zerkleinern. Er ersetzt aber keinen großen Hochleistungsmixer.

Bezugsquellen zu den genannten Turbo-Mixern finden Sie auf Seite 76.

Turbo-Mixer und ihre Stärken

Mit ihrem leistungsstarken Motor und ihrer robusten Verarbeitung eröffnen uns Hochleistungsmixer ganz neue Möglichkeiten:

- für die Zubereitung besonders glatter und cremiger Suppen sowie von feinem Gemüsepüree;
- für köstliche Smoothies. Vor allem für grüne Smoothies ist ein Turbo-Mixer eine lohnenswerte Anschaffung, da härtere Zutaten wie etwa Grünkohl von Mixern mit geringerer Umdrehungszahl nicht ausreichend fein verarbeitet und zudem die Zellwände nicht aufgebrochen werden können. Mit einem Hochleistungsmixer werden Zutaten wie Grünkohl oder Granatapfelsamen ultra-fein zerkleinert;
- für die Herstellung von cremiger Pflanzenmilch, die Sie nicht einmal filtern müssen;
- zum Zerkleinern von tiefgefrorenem Obst oder Eiswürfeln und zur Herstellung von Eiscremes;
- für das Pürieren köstlicher roher Saucen, sogenannter Coulis, zum Beispiel aus Tomaten – ganz ohne Wasserzugabe;
- zum Zerkleinern von Zimtstangen, Getreidekörnern, Ölsaaten oder anderen harten Zutaten;
- zum Rühren oder Kneten von Backteig oder zum Aufschlagen von Eimasse, wie z. B. für die Zubereitung von Crêpeteig oder besonders feinen Glasuren;
- zum Erwärmen von Gerichten: Nur durch die Rotation der Messer erwärmt der Hochleistungsmixer das Mixgut ohne zusätzliche Hitzezufuhr (und sorgt so z. B. dafür, dass das in Samen enthaltene Öl besser austritt);
- für die Zubereitung von rohköstlichen Suppen. Für eine zimmerwarme Suppe lassen Sie den Turbo-Mixer (je nach Menge) mindestens 3 Minuten bei maximaler Geschwindigkeit laufen. Besonders praktisch ist das Aufwärmen des Mixguts für schokoladige Leckereien, bei denen man Schokolade oder Kuvertüre vorher nicht mehr zum Schmelzen bringen muss.

Das sollten Sie beachten!

Jeder Held hat eine Achillesferse. Hochleistungsmixer sind meistens sehr laut. Da sie jedoch ausgesprochen schnell arbeiten, dauert die Störung nicht lange an.

Ihr Mixgefäß ist meist recht hoch, daher ist eine gewisse Menge an Zutaten erforderlich,

BIANCO

damit der Mixer richtig funktioniert: Die Portionen sind für 1 bis 2 Personen mitunter zu groß. In diesem Fall eignet ein leistungsstarker, kompakter Mixer wie der *Vitamix S30* besser.

Für Nussmus, Eis oder Gewürzmischungen brauchen Sie einen Stopfer, der üblicherweise im Lieferumfang der Hochleistungsmixer enthalten ist. Sie können den Mixer aber stattdessen in kurzen Abständen immer wieder ausschalten und das Mixgut mit einem Küchenspatel von den Seitenwänden schaben. Damit können Sie übrigens auch die letzten Mixgutreste aus dem Gefäß holen.

Wenn Sie Zutaten von hoher Dichte oder Festigkeit wie Walnüsse oder Erdnüsse mixen, sollten Sie dies in kleinen Mengen tun, damit der Mixer nicht blockiert. Nähere Angaben dazu finden Sie in den Bedienungsanleitungen der Hersteller.

Schalten Sie den Turbo-Mixer nie abrupt aus, wenn er auf hoher Geschwindigkeit läuft. Wenn der Motor jedoch ungewöhnliche Geräusche von sich gibt, sollten Sie ihn sofort ausschalten. Steigern Sie die Geschwindigkeit langsam und warten Sie, bis das Mixgut eine homogene Konsistenz hat, bevor Sie den Mixer auf höchste Geschwindigkeit schalten. Sollte der Motor zu heiß werden, weil der Mixer mit einer zähen Masse kämpft, bleibt er von selbst stehen, um Schäden zu vermeiden. Kein Grund zur Aufregung! Nehmen Sie den Mixbehälter ab und lassen Sie den Mixermotor abkühlen. (Er kann nach überhitztem

Plastik riechen). Das kann 15 Minuten dauern, aber auch ein paar Stunden. Überprüfen Sie die Mixerfunktion einfach von Zeit zu Zeit. Nach dieser kleinen Auszeit arbeitet der Motor wieder wie gewohnt!

Wenn Sie nicht wollen, dass sich Ihr Mixgut erwärmt, sollten Sie Vorsichtsmaßnahmen treffen, indem Sie z. B. für Smoothies oder Frappés am besten Zutaten aus dem Kühlschrank verwenden. Falls ein Rezept Wasser als Zutat beinhaltet, können Sie einen Teil davon auch durch Eiswürfel ersetzen. Auf diese Weise erwärmt sich das Mixgut nicht.

Die Arbeit der Messer lässt bestimmte Aromen wie Knoblauch, Zwiebeln, Ingwer oder Zitronengras stärker in den Vordergrund treten. Wenn Sie ein klassisches Rezept mit dem Mixer zubereiten wollen, sollten Sie daher die Menge dieser Zutaten halbieren (eine halbe Knoblauchzehe statt einer ganzen für eine Suppe für 4 Personen). Schmecken Sie das Ganze erst am Schluss noch mal nach Belieben ab.

Bei einem Turbo-Mixer ist das Schneidwerk in der Regel fest mit dem Mixbehälter verbunden. Daher ist für die Reinigung folgende Herangehensweise empfehlenswert: Füllen Sie den Behälter bis zur Hälfte mit lauwarmem Wasser. Geben Sie ein paar Tropfen Spülmittel hinein und mixen Sie das Wasser einen Augenblick durch. Gießen Sie die Flüssigkeit weg und spülen Sie den Mixbehälter gründlich aus. – Ein Ablauf, der Ihnen schnell zur Gewohnheit wird.

Wer braucht einen Turbo-Mixer?

- Mehrköpfige Familien, die seine Leistungsfähigkeit und die große Menge des Mixguts zu schätzen wissen.
- Obst- und Gemüsefans sowie Liebhaber von Suppen, (grünen) Smoothies, Gemüsepüree oder von Rohkostsalaten, die der Turbo-Mixer natürlich ebenso problemlos klein schneidet.
- Küchenfreaks, die am liebsten alles selbst machen: Mit dem Hochleistungsmixer können Sie Ihr Mehl mahlen, leckeres Pesto oder auch Ihre Mandelmilch zubereiten. Sie brauchen weniger Platz im Vorratsschrank, weil Sie Ihre Naturprodukte jederzeit selbst herstellen können. Das wiederum entlastet auch Ihren Geldbeutel, weshalb sich die Anschaffungskosten für einen Turbo-Mixer recht schnell amortisieren.
- Rohkostliebhaber: Mit einem Hochleistungsmixer können Sie Nussmus selbst herstellen, aber auch rohköstliche Torten aus Nüssen und Trockenfrüchten.

Weitere Anwendungsmöglichkeiten

Wenn er einmal seinen Platz auf der Arbeitsfläche gefunden hat, werden Sie noch viele andere zeitsparende Einsatzmöglichkeiten für Ihren Turbo-Mixer entdecken.

Machen Sie doch einfach die Milch damit warm, bevor Sie Ihren hausgemachten Joghurt ansetzen. (Mixen Sie die Milch 1½ Minuten lang auf höchster Stufe.) Crushen Sie Ihre Eiswürfel körnig, mahlen Ihren Kaffee fein und Ihren Zucker zu Puder. Verwenden Sie ihn für Kuchenglasuren, fein geriebenen Parmesan oder Paniermehl. Bringen Sie Schokolade zum Schmelzen oder schlagen Sie damit Sahne zu Butter.

Gehen Sie mit Ihrem Turbo-Mixer auf eine kulinarische Entdeckungsreise: Je öfter Sie ihn verwenden, desto mehr Einsatzmöglichkeiten werden Sie finden!

Grundrezepte und kleine Gerichte

Selbst gemahlenes Mehl

Hochleistungsmixer sind unglaublich schnell. Damit können Sie bei zügiger Verarbeitung sogar Ihr Mehl selbst mahlen, ohne dass sich das Mahlgut erwärmt. Da ein Turbo-Mixer auch die härtesten Lebensmittel klein kriegt, wird vieles einfacher: In 1 Minute haben Sie feines Paniermehl oder – noch besser – mühlenfrisches Mehl! Kaufen Sie ganze Körner (von Dinkel, Buchweizen etc.) und vermahlen Sie diese bei Bedarf frisch. Das Mehl hat so keine Zeit zu oxidieren und seine Nähr- und Vitalstoffe bleiben erhalten. So schaffen Sie mehr Platz im Vorratsschrank und entlasten Ihren Geldbeutel.
Ich mahle auch gern Getreideflocken, die im Handumdrehen ein sehr feines Mehl ergeben. Damit können Sie die Geschmacksrichtung Ihrer Gerichte nach Lust und Laune variieren. Und bei Glutenunverträglichkeit müssen Sie sich keine Gedanken mehr um mit Allergenen verunreinigtes Mehl machen.

Glutenfreie Mehlmischung aus Flocken

Für etwa 250 Gramm • 120 g Reisflocken in Bio-Qualität • 60 g Hirseflocken in Bio-Qualität • 40 g Kichererbsen- oder Adzukiflocken in Bio-Qualität • 1 EL Leinsamen • 50 g Stärkemehl (Mais-, Pfeilwurzel- oder Kartoffelstärke) in Bio-Qualität

Geben Sie alle Flocken sowie die Leinsamen in den Mixer und lassen Sie ihn auf Stufe 5 oder 6 einige Zeit laufen. Das Mahlgut, falls nötig, mit dem Stopfer nach unten drücken. Stärkemehl dazugeben und kurz auf Stufe 2 laufen lassen. In einen luftdicht verschlossenen Behälter füllen und lichtgeschützt aufbewahren.

Schneller Pizzateig

Obwohl Teigkneten nicht zu seinen Hauptfunktionen gehört, können Sie Ihren Hochleistungsmixer auch einsetzen, wenn Sie schnell einen Teig zubereiten wollen – vor allem, wenn dieser wie Pizzateig etwas klebrig ist. Und das lästige Händewaschen danach entfällt obendrein.

Für 2 Pizzas mittlerer Größe (4 bis 6 Personen)

160 ml Wasser
5 g Trockenhefe in Bio-Qualität
1 TL flüssiger Honig, kalt geschleudert
150 g Weizenmehl Type 405 und ein wenig mehr zum Bemehlen der Arbeitsfläche
100 g Vollweizenmehl (Type 1700)
1 TL Meersalz
1 EL Olivenöl

Wasser, Hefe und Honig in den Mixer geben und 5 Sekunden bei niedriger Geschwindigkeit (Stufe 2 oder 3) durchmixen. Anschließend 5 Minuten ruhen lassen.
Weißmehl, Vollkornmehl, Salz sowie Olivenöl in den Mixer geben und 30 Sekunden auf Stufe 4 bis 5 mixen, bis die Teigkugel sich von den Wänden des Behälters löst. Der Motor klingt dabei etwas dumpf. Den Teig ruckartig in eine große Schüssel kippen und mit einem feuchten Küchentuch bedeckt etwa 1½ Stunden an einem warmen Ort gehen lassen. Auf eine bemehlte Arbeitsfläche geben und flach klopfen. In zwei Hälften aufteilen und jeweils dünn ausrollen. Beide Pizzaböden auf ein Backblech legen, nach Wunsch belegen und im Backofen 10 bis 12 Minuten bei 250 °C backen.

Buchweizen-Polenta
mit Champignons

In manchen Gegenden Italiens gehört es zur Tradition, Polenta mit Buchweizen zuzubereiten. Man nennt diesen grauen Brei *Polenta saracena* oder *Polenta taragna*. Ich habe das klassische Rezept etwas abgewandelt.

Für 4 Personen (als Hauptgericht) oder 6 Personen (als Beilage)

60 g Buchweizenkörner
10 g getrocknete Steinpilze
4 getrocknete Shitakepilze
125 g vorgegarte Maispolenta in Bio-Qualität
1 TL Meersalz
Pfeffer und Muskatnuss, jeweils frisch gemahlen (Menge nach Bedarf)
Gomasio (wahlweise; Menge nach Bedarf)

Zum Kochen:

700 ml Flüssigkeit nach Wahl: Milch oder Gemüsebrühe (am besten eine Mischung aus beidem)
1 Lorbeerblatt

Buchweizen, Steinpilze sowie Shitake in den Mixer geben und 30 Sekunden auf Stufe 7 oder 8 mixen, bis die Masse eine feinkörnige Konsistenz hat. Polenta, Salz, Pfeffer, Muskatnuss und Gomasio dazugeben und 10 Sekunden auf Stufe 3 bis 4 mixen, bis die Zutaten gut vermengt sind. Diese Mischung können Sie in einem luftdicht verschlossenen, lichtgeschützten Behälter bis zu 1 Jahr aufbewahren.
Polenta: Die Flüssigkeit mit dem Lorbeerblatt aufkochen lassen. Den Grieß einstreuen und mit dem Schneebesen verrühren. Etwa 5 Minuten bei kleiner Hitze köcheln lassen, bis die Masse andickt. In eine leicht eingeölte Auflaufform geben und 1 bis 2 Stunden fest werden lassen. In Vierecke schneiden und diese auf beiden Seiten jeweils 5 Minuten in heißem Olivenöl anbraten.

Variation: Sie können die Polenta-Vierecke auch mit Sauce und geriebenem Käse garnieren und im Backofen überbacken.

Nussmus & Co.

Nuss-, Mandel- oder Erdnussmus sind vergleichsweise teuer. Diese selbst zu machen spart Geld ... erfordert aber einigen Muskeleinsatz! Ein Turbo-Mixer nimmt Ihnen die Arbeit ab: Geben Sie einfach 200 bis 300 Gramm Nüsse oder Samen in den Mixer und verarbeiten Sie diese zu feinem Mus, indem Sie die Geschwindigkeit langsam steigern. Drücken Sie die Samen bzw. Nüsse dabei immer wieder mit dem Stopfer energisch ins Schneidwerk. Schalten Sie den Mixer kurz aus, um die Nüsse mit einem Küchenspatel von den Wänden des Mixgefäßes zu lösen. Sobald das Mahlgut grob püriert ist, lassen Sie den Mixer 30 Sekunden lang auf höchster Stufe laufen. So wird die Nussbutter weich und cremig. Länger sollten Sie Ihren Mixer nicht laufen lassen, da er sich sonst überhitzt.

Lichtgeschützt in luftdicht verschlossenen Glasbehältern aufbewahrt, hält sich das Nussmus etwa 1 Jahr lang. Die anfälligsten (Walnuss, Macadamia, Paranuss, Hanf und Kürbiskern) müssen im Kühlschrank aufbewahrt und innerhalb 1 Monats verzehrt werden. Mit dem Hochleistungsmixer können Sie aber auch Trockenfrüchte zu leckerem Mus vermahlen.

Sonnenblumencreme mit Feldsalat und Petersilie

Für 1 Glas • 175 g Sonnenblumenkerne • kaltes Wasser zum Einweichen • 75 g Feldsalat • ½ Bund Petersilie • ein paar Tropfen Zitronensaft • 1 Schuss Olivenöl • feines Meersalz und frisch gemahlener Pfeffer (Menge nach Bedarf)

Die Sonnenblumenkerne über Nacht in reichlich kaltem Wasser einweichen. Abgießen, spülen und gründlich trocken tupfen. Mit Feldsalat und Petersilie in den Mixer geben. Auf Stufe 5 durchmixen und dabei das Mixgut ständig mit dem Stopfer ins Schneidwerk drücken. Wenn alle Zutaten körnig zerkleinert sind, 45 Sekunden lang auf höchster Stufe mixen (oder etwas kürzer, wenn das Mus mehr Biss haben soll). Dabei Zitronensaft, Olivenöl, Salz und Pfeffer durch die kleine Öffnung im Deckel in den Mixer geben. In ein sauberes Glasgefäß füllen. Die Creme hält im Kühlschrank höchstens 4 Tage. Bedecken Sie sie mit einer dünnen Schicht Öl, damit sie an der Oberfläche nicht oxidiert.

Veggie-Sahne & Creme

Flüssige Veggie-Sahne

Für 1 kleine Schale

30 g Cashewkerne
in Rohkostqualität
2 TL geschälte weiße Sesamsamen
30 ml Wasser
ein paar Tropfen Zitronensaft

Die Cashewkerne 4 Stunden lang in kaltem Wasser einweichen, abgießen und abspülen. In den Mixer geben. Sesamkörner und Wasser hinzufügen und bei niedriger Geschwindigkeit mixen. Danach den Mixer noch etwa 10 Sekunden lang auf höchster Stufe laufen lassen. Den Zitronensaft einrühren und 1 Stunde im Kühlschrank durchziehen lassen. Im Kühlschrank aufbewahren und innerhalb von 2 Tagen verbrauchen.

Tipp: Je nach Mixbehälter können Turbo-Mixer Probleme haben, kleine Mengen zu verarbeiten. In diesem Fall können Sie die Menge verdoppeln oder einen leistungsstarken Kleinmixer wie den *Personal Blender* verwenden.

Veggie-Creme

Für 1 kleines Glas

25 g Kürbiskerne
25 g Sonnenblumenkerne
25 g Haselnüsse ohne Haut
15 g geschälte weiße Sesamsamen
1 Prise Meersalz
130–150 ml Wasser

Die Kürbis- und Sonnenblumenkerne 1 Stunde lang in kaltem Wasser einweichen und abgießen. Mit Haselnüssen, Sesam, Salz und Wasser in den Mixer geben und zu einer festen Creme verarbeiten. Vor der Verwendung 1 Stunde lang in den Kühlschrank stellen.

Herzhafte Brotaufstriche

Hummus, Guacamole, Bohnencreme ... alle Aufstriche aus Gemüse und Hülsenfrüchten schmecken aus dem Turbo-Mixer einfach besser. Wenn Sie auf höchster Stufe mixen, werden die Aufstriche glatt und streichfein – ein wahrer Hochgenuss!

Hummus mit Hanfsamen

Für 1 kleine Schale

3 EL geschälte Hanfsamen plus ein paar Samen zum Garnieren
100 ml Wasser
Saft von 1 Zitrone
300 g gekochte Kichererbsen (Dosenware bitte vorher waschen und abgießen)
feines Meersalz (Menge nach Bedarf)

Hanfsamen, Wasser und Zitronensaft in den Mixer geben und bei hoher Geschwindigkeit 30 Sekunden zu Hanfmilch verarbeiten. Den Mixer anhalten, Kichererbsen und Salz nach Geschmack dazugeben. Etwa 50 Sekunden bei hoher Geschwindigkeit mixen, bis die Masse cremig wird. Falls nötig, mehr Wasser dazugeben. Das Hummus im Kühlschrank aufbewahren und mit Hanfsamen bestreut servieren.

Würzige Tapenade mit getrockneten Feigen

Für 1 kleine Schale

60 g getrocknete Feigen
20 g Bio-Kapern in Meersalz
Wasser (Menge nach Bedarf)
180 g schwarze Oliven ohne Kern
¼ Knoblauchzehe, geschält
2 EL Olivenöl
2 TL Apfelessig
½ TL getrockneter Oregano
¼ TL Fenchelsamen
5 Tropfen Tabascosauce oder Chilipulver (wahlweise)

Die Feigen in einer Schüssel mit heißem Wasser übergießen, 1 Stunde ziehen lassen und vorsichtig abgießen. Kapern mehrfach wässern, um das Salz zu entfernen. Anschließend alle Zutaten in den Mixer geben und bei mittlerer Geschwindigkeit (Stufe 5 bis 6) 45 Sekunden lang zu einer körnigen Masse verarbeiten. Weitere 15 Sekunden auf höchster Stufe durchmixen, wenn Sie eine glattere Tapenade wünschen.

Vitamix

Crudités

Unter „Crudités" versteht man rohes Gemüse, das in Frankreich gewöhnlich mit verschiedenen Dips als Vorspeise gereicht wird. Das Gemüse für die Crudités, aber auch für Salate, Röstis oder Aufläufe, können Sie sehr gut im Mixer zerkleinern. Sie haben dabei verschiedene Möglichkeiten. **Ohne Wasser:** Diese Methode eignet sich vor allem für Wurzelgemüse oder Kartoffeln (die anschließend gegart werden, z. B. für Kartoffelpuffer). Geben Sie mindestens 300 Gramm Gemüse in den Mixer! Karotten, Pastinaken oder Rote Bete geschält und grob geschnitten verwenden und bei niedriger Geschwindigkeit (Stufe 2 bis 3) zerkleinern. Dabei das Gemüse ständig mit dem Stopfer ins Schneidwerk drücken. **In vollem Lauf:** Lassen Sie den Mixer auf höchster Stufe laufen und geben Sie das Gemüse durch die kleine Öffnung im Deckel in das Mixgefäß. So verarbeiten Sie z. B. Zwiebeln für Zwiebelkuchen. **Mit Wasser:** Für große Mengen oder große Gemüsestücke wie Sellerie oder Kohl. Das Gemüse vierteln, in den Mixer geben und mit Wasser bedecken. Dann den Mixer 3 Sekunden lang auf höchster Stufe laufen lassen. Oder auch länger, wenn das Gemüse feiner zerkleinert werden soll oder besonders hart ist. Achten Sie aber darauf, dass kein Smoothie daraus wird! Gemüse abgießen und in der Salatschleuder trocknen oder vorsichtig trocken tupfen.

Rohkostteller mit Erdnusssauce

Für 4 Personen

Karotten, Rotkohl, Kohlrabi, Rote Bete, Fenchel oder anderes saisonales Gemüse
Wasser zum Mixen (Menge nach Bedarf)
30 g Palmzucker (oder heller Mascobado-Vollrohrzucker) in Bio-Qualität
½ Knoblauchzehe, geschält
150 g geröstete Erdnüsse in Bio-Qualität, möglichst ungesalzen
50 ml Kokosmilch
Saft von 1 Zitrone
Saft von 1 Limette
1 EL Sojasauce in Bio-Qualität
Chilipulver (wahlweise)

Das Gemüse mit Wasser im Mixer zerkleinern und wie oben beschrieben trocknen. Palmzucker in den Mixer geben und diesen 30 Sekunden auf Stufe 5 bis 6 laufen lassen. Knoblauch, Erdnüsse, Kokosmilch, Zitrussaft, Sojasauce und Chili dazugeben. Weitere 30 bis 40 Sekunden auf Stufe 5 durchmixen. Die Zutaten immer wieder mit dem Stopfer in das Schneidwerk drücken. Wenn die Masse grob gehackt ist, 45 bis 60 Sekunden auf höchster Stufe zu einer glatten Sauce pürieren. Das Gemüse mit der Sauce beträufeln oder diese in einem Schälchen separat dazu reichen. Die Sauce hält sich in einem luftdicht verschlossenen Behälter im Kühlschrank 10 Tage.

Variation: Mit Brühe aufgegossen, erhalten Sie eine köstliche Suppe, die Sie mit Champignon- und Tofustücken etc. aufpeppen können.

Pastinaken-
Pfannkuchen mit Coleslaw

Im Turbo-Mixer können Sie gleich mehrere Dinge zubereiten, wenn es einmal schnell gehen muss. Hier wird das Pastinakenpüree zu leckeren glutenfreien Pfannkuchen verarbeitet. Dazu reichen Sie fruchtigen Krautsalat.

Pastinaken-Pfannkuchen

Für 4 Personen

300 g Pastinaken
1 Lorbeerblatt
Salzwasser zum Garen (Menge nach Bedarf)
2 Eiweiß (von Bio-Eiern)
1 Bio-Ei
2–3 EL Reismehl in Bio-Qualität
Olivenöl zum Ausbacken
feines Meersalz, Pfeffer, Muskatnuss (Menge nach Bedarf)

Die Pastinaken schälen, in Stücke schneiden und 20 Minuten in Salzwasser mit dem Lorbeerblatt köcheln lassen. Abgießen. Eiweiß und Ei in den Turbo-Mixer geben. Pastinakenstücke, Salz, Pfeffer und etwas Muskatnuss hinzufügen. Pürieren und dabei langsam die Geschwindigkeit erhöhen. Den Mixer 1 Minute auf höchster Stufe laufen lassen.
2 Esslöffel Reismehl dazugeben und auf Stufe 5 etwa 5 Sekunden mixen. Nach Bedarf (je nach Wassergehalt der Pastinaken) mehr Mehl hinzufügen: Der Teig sollte schaumig sein. Den Teig esslöffelweise in der Pfanne mit etwas Olivenöl zu kleinen, dicken Pfannkuchen ausbacken (pro Seite etwa 1½ Minuten).

Schneller Coleslaw (Krautsalat)

Für 4 Personen

¼ Rotkohl
Wasser zum Mixen (Menge nach Bedarf)
2 Karotten, geschält
¼ rote Zwiebel
1 Bio-Clementine
2 EL Olivenöl
Meersalz und frisch gemahlener Pfeffer (Menge nach Bedarf)

Den Rotkohl in 2 bis 3 große Stücke schneiden und in den Mixer geben. Gut mit Wasser bedecken und den Mixer 3 Sekunden lang auf höchster Stufe laufen lassen. Den Rotkohl abgießen und trocknen, wie auf Seite 24 unter „Crudités" beschrieben. Karotten und Zwiebel im Mixer klein hacken. Die Clementine schälen und auspressen. Olivenöl, Clementinensaft, Salz und Pfeffer zu einer Marinade verrühren. Über den Salat gießen und zu den Pfannkuchen servieren.

Mousseline

Die Konsistenz einer klassischen Mousseline liegt zwischen einer Suppe und einem Püree. Diese pikanten Cremes sind köstlich und ausgesprochen sättigend. Am besten frieren Sie die Mousseline ein und lassen sie auftauen, wenn Sie damit eine Suppe eindicken oder ein Püree aromatisieren wollen. Das Geheimnis einer guten Mousseline sind ölhaltige Nüsse oder Samen, die sie samtweich und sämig machen.

Süßkartoffel-Mousseline mit feiner Erdnussnote

Für 2 Portionen • 1 Süßkartoffel (etwa 250 g) • 1 Schalotte • 1 EL Olivenöl • 450 ml Gemüsebrühe in Bio-Qualität • 1 gestrichener EL Erdnussmus in Bio-Qualität • feines Meersalz und frisch gemahlener Pfeffer zum Abschmecken

Die Süßkartoffel schälen und in Würfel schneiden. Ebenso die Schalotte schälen und fein hacken. Das Öl in einem flachen Topf erhitzen und Schalotte sowie Süßkartoffelwürfel 3 bis 4 Minuten andünsten. Mit Gemüsebrühe ablöschen. Den Deckel aufsetzen und bei kleiner Hitze etwa 20 Minuten köcheln lassen, bis die Süßkartoffeln weich sind.
Die Gemüsemischung in den Mixer geben. Erdnussmus hinzufügen und auf höchster Stufe etwa 1 Minute pürieren. Mit Salz und Pfeffer abschmecken. Wenn die Mousseline zu dick wird, mit etwas Wasser verdünnen.

Italienische Tomaten-Gewürzmischung

Diese Gewürzmischung können Sie statt Parmesan über vegane Gerichte streuen. Die Zauberkräfte Ihres Mixers verwandeln selbst sonnengetrocknete Tomaten in feines Puder.

Für 1 Glas • 30 g getrocknete Tomaten in Bio-Qualität • 50 g Nüsse (Pinienkerne, Mandeln oder Cashewkerne, nach Belieben auch gemischt) • ¼ Lorbeerblatt • 1 EL Hefeflocken in Bio-Qualität • 2 TL getrockneter Oregano • ½ TL getrockneter Thymian • Chilipulver (wahlweise, Menge nach Bedarf)) • frisch gemahlener Pfeffer

Die getrockneten Tomaten in den Turbo-Mixer geben und 10 Sekunden auf höchster Stufe grob hacken. Nüsse sowie Lorbeerblatt dazugeben und 30 Sekunden auf höchster Stufe mixen: Die Nüsse und Tomaten sollten zu feinem Puder vermahlen werden. Achten Sie jedoch darauf, dass Sie die Zutaten nicht zu Mus verarbeiten!
Hefeflocken, Thymian, Chili sowie Pfeffer dazugeben und 5 Sekunden auf Stufe 2 oder 3 zu einer homogenen Mischung verrühren.
In einem luftdicht verschlossenen Glasbehälter im Kühlschrank aufbew ahren und innerhalb von 6 Wochen verbrauchen.

Tipp: Zum Würzen von Nudeln, Hülsenfrüchten oder sämigen Suppen können Sie die Mischung einfach mit etwas Olivenöl vermengen. Verwenden Sie sie für alle Gerichte, die Sie gewöhnlich mit Parmesan, Pesto oder Kräutern der Provence verfeinern.

Vegane Milch, Smoothies, Suppen und Drinks

Vegane Milch

Pflanzliche Milch aus dem Turbo-Mixer

Mixen Sie eingeweichte Nüsse und Mandeln mit Wasser sowie gekochtem Getreide oder Getreideflocken. Im Handumdrehen entsteht daraus vegane Milch, die Sie ganz nach Geschmack zusätzlich filtern können. Mit einem Turbo-Mixer ist das gesunde Getränk schnell gemacht. Dazu noch eine Prise Salz, um den Eigengeschmack der Zutaten zu betonen. Reismalz oder gemixte Datteln verleihen der Milch eine natürliche Süße.

Nussmilch

Nüsse	Einweichzeit	Menge für 1 Liter Wasser
Cashewkerne	4 Stunden	60–80 Gramm
Haselnüsse	6 Stunden	70 Gramm
Mandeln	8 Stunden	80–100 Gramm

Noch schneller geht's, wenn Sie Nussmus mit Wasser vermixen. Im Hochleistungsmixer wird diese Mischung besonders glatt und cremig.

Getreidemilch

Kochen Sie das Getreide oder den Reis am besten vor. So wird die Zubereitung von Getreidemilch zum Kinderspiel.

Getreide	Menge für 1 Liter Wasser
Dinkel	100–120 Gramm
Hafer	70 Gramm
Hirse	100–120 Gramm
Quinoa	130 Gramm
Reis	80–100 Gramm

Verwenden Sie keine vorbehandelten Getreidezubereitungen wie Bulgur oder Couscous. Diese ergeben eine ausgesprochen bittere „Milch".

Reismilch mit feinem Kastanienaroma

Reismilch aus dem Turbo-Mixer brauchen Sie nicht zu filtern: Der Reis wird so fein püriert, dass die Milch eine leicht cremige Konsistenz erhält. Allerdings sollten Sie sie vor dem Genuss kurz durchrühren.

Für etwa 1,2 Liter Reismilch

30 g weißer Basmatireis in Bio-Qualität
1 kleiner Sternanis
1–1,2 l Wasser plus Kochwasser für den Reis
25 g Kastanienflocken in Bio-Qualität
2 Prisen feines Meersalz

Den Reis waschen. In einen flachen Topf geben und mit Wasser bedecken, Sternanis dazugeben und aufkochen lassen. Bei geschlossenem Deckel 10 Minuten köcheln lassen. Vom Herd nehmen und weitere 10 Minuten quellen lassen. Abgießen und abkühlen lassen. Für die angegebene Menge Reismilch brauchen Sie 100 Gramm gekochten Reis: 1 bis 1,2 Liter Wasser in den Mixer geben, Reis, Kastanienflocken und Salz hinzufügen. Die Mischung 10 Sekunden auf Stufe 5 mixen, dann die Geschwindigkeit allmählich steigern und den Mixer schließlich 45 bis 60 Sekunden auf höchster Stufe laufen lassen. Den Mixer anhalten, Salz oder nach Bedarf mehr Wasser dazugeben und noch einmal kurz durchmixen. In einer verschlossenen Glasflasche hält sich die Milch im Kühlschrank etwa 3 Tage.

Hanf-Sesam-Milch

Da die Samen für diese Milch nicht eingeweicht werden müssen, ist sie blitzschnell gemacht! Allerdings sollten Sie sie süßen, um den leicht bitteren Sesamgeschmack auszugleichen.

Für etwa 1,2 Liter Milch

1 l Wasser
50 g geschälte Hanfsamen
50 g geschälte Sesamsamen
1 Prise feines Meersalz
natürliches Süßungsmittel der Wahl (Menge nach Bedarf)

Das Wasser in den Mixer geben, Sesam, Hanf sowie Salz hinzufügen und 45 bis 60 Sekunden bei hoher Geschwindigkeit mixen. In einer verschlossenen Glasflasche bleibt die Milch im Kühlschrank etwa 3 Tage frisch.

Tipp: Wenn Sie ungeschälten Hanf verwenden, müssen Sie die Milch filtern: Gießen Sie sie einfach durch einen Nussmilchbeutel, ein sauberes Küchentuch oder einen Kaffeefilter.

Smoothies

Nach Ihrem ersten selbst gemixten Smoothie aus dem Hochleistungsmixer verstehen Sie mit Sicherheit, woher der aktuelle Hype um dieses Getränk kommt: Solch ein Smoothie ist unglaublich glatt, aromatisch und cremig.
Ein Smoothie aus dem Turbo-Mixer ist immer etwas Besonderes, wenn Sie ihn möglichst frisch zubereiten: mit Früchten oder Gemüse der Saison und ein paar Eiswürfeln, die Sie gleich zu Beginn in den Mixbehälter geben. Alternativ können Sie aber auch zu tiefgefrorenem Obst oder Gemüse greifen. Auf diese Weise können Sie zudem umgehen, dass das Mixgut durch die enorme Motorleistung Ihres Mixers erwärmt wird.
Grüne Smoothies, die reich an grünen Blattgemüsesorten sind, machen den Körper alkalisch. Dafür mixen Sie 2 Teile Flüssigkeit (Kokoswasser, Kokos- bzw. Nussmilch), 2 Teile Blattgrün oder grünes Gemüse (Spinat, Grünkohl, Feldsalat etc.) und 3 Teile Früchte. So haben Sie ein Maximum an Vital- und Ballaststoffen im Glas. Mehr dazu finden Sie in den Büchern von Victoria Boutenko, die ebenfalls im Hans-Nietsch-Verlag erschienen sind (siehe Literaturempfehlungen, Seite 76).
Früchte-Smoothies können Sie jederzeit mit süßlichen Gemüsesorten wie Karotten oder Rote Bete anreichern oder mit Gemüse, das nur einen leichten Eigengeschmack hat (z. B. Feldsalat).
Nachdem Sie den Smoothie in Gläser gegossen haben, geben Sie etwas Wasser in den Mixbehälter und lassen Ihren Mixer etwa 5 Sekunden auf höchster Stufe laufen. Auch diese Flüssigkeit können Sie trinken.

Sonnenkuss – ein Smoothie voller Betacarotine für strahlende Haut!

Für 1 großes Glas

1 kleine Karotte (70 g)
1/4 rote Paprikaschote (50 g)
1/2 Mango (70–80 g), frisch oder tiefgefroren
200 ml Mandelmilch oder eine andere Nussmilch
75 g Himbeeren, frisch oder tiefgefroren
1 Handvoll Eiswürfel (wenn Sie kein TK-Obst verwenden)

Die Karotte schälen und in Scheiben schneiden. Paprika in Stücke schneiden. Mango schälen und in grobe Stücke schneiden. Die Mandelmilch in den Mixer geben. Karotten, Himbeeren, Mango, Paprika sowie eventuell Eiswürfel hinzufügen und 45 bis 60 Sekunden auf höchster Stufe mixen. In ein großes Glas gießen und sofort servieren.

Lady in Red

Besonders in der kalten Jahreszeit ist dieser vitaminreiche Smoothie ein Fest für die Sinne und für unsere Gesundheit. Das Wurzelgemüse verleiht ihm einen feinwürzigen Geschmack.

Für 1 großes Glas

1 Karotte (100 g)
1 kleine Rote Bete (100 g), roh
½ Apfel (50 g)
200 ml Wasser oder Nussmilch
etwa ½ Zentimeter frische Ingwerwurzel, geschält und klein geschnitten
Saft von ½ Zitrone
1 Handvoll Eiswürfel

Karotte und Rote Bete schälen und in Stücke schneiden. Den Apfel vom Kerngehäuse befreien und in Würfel schneiden. Wasser oder Nussmilch in den Mixer geben. Rote Bete, Karotte, Apfel, Ingwer, Zitronensaft und Eiswürfel hinzufügen und 1 Minute auf höchster Stufe mixen. In ein großes Glas gießen und sofort genießen.

Variation: Sie können den Ingwer auch durch ein paar Blättchen Staudenselleriegrün ersetzen.

Grüner Panther

Ich habe diesen köstlichen grünen Smoothie in einem veganen Restaurant in Montreal kennengelernt und ihm zu Ehren das folgende Rezept kreiert.

Für 1 großes Glas

250 ml Reismilch in Bio-Qualität
1 Banane
1 große Stange (100 g) Staudensellerie
2 große Handvoll (60 g) Grünkohl
150 g Salatgurke
2 Stängel Petersilie
1 Handvoll Eiswürfel

Reismilch in den Mixer geben. Die Banane schälen und in Stücke schneiden. Sellerie in große Stücke schneiden. Grünkohl von der Mittelrippe befreien und grob schneiden. Die Gurke mit Schale ebenso in große Stücke schneiden. Alle Zutaten in den Mixer geben und bei maximaler Geschwindigkeit 1½ bis 2 Minuten pürieren. In ein großes Glas gießen und sofort genießen.

Winter-Smoothie

Seine dezente Süße passt ausgezeichnet zu seiner zarten grünen Farbe. Ein idealer grüner Smoothie für Einsteiger.

Für 1 großes Glas • 1 kleiner Apfel (etwa 80 g Fruchtfleisch) • 150 g Fenchelknolle • 1 kleine Stange (etwa 20 g) Staudensellerie • 250 ml Hanf-Sesam-Milch (Seite 34) oder vegane Milch Ihrer Wahl • 1 kleine Handvoll Eiswürfel

Den Apfel vom Kerngehäuse befreien und in Stücke schneiden. Den Fenchel in grobe Stücke zerteilen, ebenso den Staudensellerie. Hanfmilch in den Mixer geben. Gemüse und Apfel hinzufügen. Zum Schluss die Eiswürfel in das Mixgefäß geben und 45 bis 60 Sekunden auf höchster Stufe pürieren. In ein großes Glas gießen und genießen.
Ein Smoothie für Feinschmecker und ein Hochgenuss für ein ausgedehntes Frühstück am Wochenende. Hüten Sie Ihr kleines Geheimnis: Sein Geschmack verrät nicht, dass er Spinat enthält.

Birne Helene

Für 1 großes Glas • 1 große Williams- oder Kaiser Alexanderbirne (etwa 120 g Fruchtfleisch) • ½ Banane • 200 ml Nussmilch • 20 g Zartbitter-Kuvertüre in Bio-Qualität • 1 große Handvoll Spinat, gewaschen und geputzt • 1 Handvoll Eiswürfel

Die Birne vom Kerngehäuse befreien und in Stücke schneiden. Banane schälen und in Scheiben schneiden. Die Nussmilch in den Mixer geben. Kuvertüre in kleine Stücke zerteilen und hinzufügen, ebenso Birne, Banane, Spinat und Eiswürfel. Die Mischung 1 bis 1½ Minuten auf höchster Stufe mixen. In ein großes Glas füllen und sofort servieren.

Rohköstliche SUPPEN

Mit einem Hochleistungsmixer können Sie traumhaft leckere Suppen zubereiten. Seine Messer drehen sich viermal so schnell wie bei einem herkömmlichen Mixer, was dem Mixgut eine feine, samtige Konsistenz verleiht. Und auch stückige Suppen gelingen hervorragend, wenn Sie den Mixer nicht auf maximaler Geschwindigkeit laufen lassen.

Sie müssen das Gemüse nicht einmal garen, bevor Sie die Suppe zubereiten, denn der Turbo-Mixer zerkleinert rohes Gemüse vitaminschonend. Verwöhnen Sie Ihren Gaumen zum Wohle Ihrer Gesundheit mit den frischen, natürlichen Aromen von knackigem Gemüse. Doch rohköstlich bedeutet nicht, dass Sie Ihre Suppe kalt essen müssen: Die Reibung der Messer sorgt dafür, dass die Suppe sich erwärmt. Je nach Laufzeit des Mixers wird die Suppe lauwarm (nach 2 Minuten auf höchster Stufe) oder dampfend heiß (nach 4 Minuten auf höchster Stufe). Auf jeden Fall ist sie in weniger als 5 Minuten fertig!

Schnelle Karottensuppe mit Orangensaft und Curry

Für 2 Schalen • 200 g Karotten • 100 ml Orangensaft, frisch gepresst • 100 ml Gemüsebrühe in Bio-Qualität • ½ TL Garam Masala oder Curry • Meersalz (Menge nach Bedarf)

Die Karotten schälen und in Würfel schneiden. Orangensaft und Gemüsebrühe in den Mixer geben. Die Karotten hinzufügen, salzen und 30 bis 40 Sekunden auf höchster Stufe mixen. Garam Masala dazugeben. Anschließend für eine kalte Suppe noch 2 Sekunden mixen, dann abschmecken. Für eine warme Suppe zwischen 2½ und 3½ Minuten (sehr warm) mixen. Sofort servieren.

GAZPACHO

Eine traditionelle Gazpacho ist weit mehr als eine gesunde Vorspeise. Mit übrig gebliebenem Brot vom Vortag können Sie daraus eine leckere Hauptmahlzeit kreieren. Ihre Konsistenz lässt sich mit dem Turbo-Mixer ganz nach Geschmack variieren. Pürieren Sie die rohköstliche Suppe sehr glatt oder eher stückig. Und obendrein müssen Sie weder Paprika noch Tomaten schälen ...

Für 4 Personen • 300 g sehr reife Tomaten • ½ rote Paprikaschote (etwa 70 g) • ½ Salatgurke (etwa 50 g) • ½ rote Zwiebel (etwa 30 g) • 1 große Knoblauchzehe • 2 Scheiben trockenes Weißbrot (etwa 30 g) • 30 ml Sherryessig in Bio-Qualität • 100 ml natives Olivenöl extra • Meersalz und geräuchertes Paprikapulver (Pimentón de la Vera, Menge nach Bedarf) • 300 ml Wasser
Zum Anrichten: 1 reife Tomate • ½ Salatgurke • ½ rote Paprikaschote

Gemüse, Zwiebel und Knoblauch in grobe Stücke schneiden. Das Brot in große Stücke brechen, in eine Schüssel geben und mit Essig übergießen. Gemüse und die Hälfte des Öls hinzufügen. Salz und Paprikapulver unterheben. Mit einem Tuch bedeckt über Nacht im Kühlschrank durchziehen lassen. Dann den Inhalt der Schüssel in den Mixer geben und 20 Sekunden auf Stufe 5 mixen. Den Rest des Olivenöls langsam durch die Öffnung im Mixerdeckel einlaufen lassen und weitere 10 Sekunden mixen. Den Mixer ausschalten und das Wasser dazugeben. Nun nach Belieben mixen: Bei mittlerer Geschwindigkeit bleibt die Gazpacho stückig, 1 Minute auf höchster Stufe lässt sie glatt und cremig werden. Bis zum Servieren im Kühlschrank aufbewahren. Zum Anrichten Tomate, Gurke und Paprikaschote in feine Würfel schneiden und in Schälchen zu der Gazpacho reichen.

Heiße

Gemüsesuppen

Selbst die klassische Velouté, bei der gekochtes Gemüse zu samtigem Püree verarbeitet wird, gelingt im Hochleistungsmixer besser. Für cremig-zarten Genuss einfach auf höchster Stufe mixen. Fertig!

Grüne Power-Suppe

Für 2 Personen

100 g Staudensellerie
100 g Lauch
100 g Fenchel
400–500 ml Wasser
1 Zweig Thymian
1 Avocado
¼ Bund Koriandergrün oder Petersilie
feines Meersalz und frisch gemahlener Pfeffer (Menge nach Bedarf)

Sellerie, Lauch sowie Fenchel klein schneiden und in einem Topf mit Wasser bedecken. (Je nach gewünschter Konsistenz mehr oder weniger Wasser nehmen.) Thymian, Salz und Pfeffer dazugeben und zum Kochen bringen. Den Deckel aufsetzen und bei geringer Hitze 10 bis 15 Minuten köcheln lassen. In den Mixer geben. Bei Stufe 5 etwa 20 Sekunden pürieren. Den Mixer ausschalten. Avocado von Kern und Schale befreien. Den Koriander waschen und trocken tupfen. Nur die Blättchen verwenden, die Stiele können Sie für ein anderes Gericht aufbewahren. Den Mixer wieder einschalten. Avocadostücke und Kräuter durch die Öffnung im Deckel zu der Suppe geben. Dann die Geschwindigkeit langsam steigern. Schließlich 60 Sekunden auf höchster Stufe durchmixen. Ausschalten, nach Belieben abschmecken und, falls nötig, noch etwas Wasser nachgießen. Heiß oder kalt servieren.

Cremige Thaisuppe mit Mais

Mais passt ganz hervorragend zu den klassischen Thai-Aromen! Mit einem leistungsstarken Turbo-Mixer zubereitet, wird diese Suppe so fein, dass Sie sie nicht einmal passieren müssen.

Für 4 Personen

2 Schalotten
1 Stängel Zitronengras
2 TL Kokosöl in Bio-Qualität
1 TL geriebener Ingwer (nach Belieben mehr)
250 ml Kokosmilch
250 ml Wasser
1 Dose (etwa 280 g) Maiskörner, abgegossen und gespült
Chilipulver (wahlweise, Menge nach Bedarf)
½ Bund frischer Koriander
Schale von ½ Bio-Kaffern- oder Bio-Limette
Meersalz und frisch gemahlener Pfeffer zum Abschmecken

Die Schalotten schälen und fein hacken. Die äußeren Blätter des Zitronengrases entfernen. Die weiße Knolle fein hacken.
Kokosöl in der Pfanne erhitzen. Schalotten, Ingwer und Zitronengras andünsten. Mit Kokosmilch und Wasser aufgießen. Die Maiskörner dazugeben sowie etwas Chilipulver, falls gewünscht. Vom Feuer nehmen und die Hälfte des Korianders hinzufügen. Dann die Mischung in den Mixer gießen. Zunächst auf niedriger Geschwindigkeit pürieren, damit sich die Zutaten vermischen, anschließend 30 Sekunden auf höchster Stufe. Mit Salz und Pfeffer abschmecken.
Die Kaffernlimette gründlich waschen und die Hälfte der Schale fein reiben. Die Suppe in Servierschalen mit geriebener Limettenschale und fein gehacktem Koriandergrün bestreut servieren.

Tipp: Natürlich können Sie die Suppe auch mit frischen Maiskörnern zubereiten. Dafür brauchen Sie etwa drei Maiskolben. Lösen Sie die Körner, indem Sie die Klinge eines großen Messers der Länge nach über den Kolben führen. Lassen Sie die Maiskörner 15 Minuten mit der Kokosmilch und den Gewürzen kochen. Und vergessen Sie nicht, die Wassermenge nach Bedarf zu erhöhen.

Erfrischender
Gurken-Mojito

Peppen Sie Ihre Cocktails im Turbo-Mixer mit frischem Gemüse und Obst auf. So duften sie intensiver und schmecken besser als je zuvor. Und genießen Sie alkoholische Getränke in Maßen!

Für 2 große Gläser

4 Limetten
1 Salatgurke
2 Zweige frische Minze
80 ml weißer Rum
2 TL heller Mascobado-Vollrohrzucker
2 Prisen Meersalz
2 große Handvoll Eiswürfel
Mineralwasser mit Kohlensäure

Drei der Limetten auspressen. Die vierte achteln und beiseitestellen. Die Gurke in Würfel schneiden und in den Mixer geben. Minze, Limettensaft, Rum, Zucker, Salz und Eiswürfel dazugeben. Den Cocktail 40 Sekunden auf höchster Stufe mixen, bis eine homogene, glatte Flüssigkeit entsteht. Im Mixgefäß mit Mineralwasser auf 600 Milliliter auffüllen. Die Limettenachtel in große Gläser geben, den Mojito darübergießen und sofort servieren.

Citronnade

Ein fruchtig süßer Aperitif, der besonders an heißen Tagen ein erfrischender Genuss ist!

Für 1 Glas

1 Zitrone
1 Handvoll Eiswürfel
1–2 TL kalt geschleuderter Honig
150 ml Wasser

Die Zitrone schälen, halbieren und von Kernen befreien. In große Stücke schneiden und in den Mixer geben. Eiswürfel, Honig und Wasser dazugeben und 30 bis 45 Sekunden auf höchster Stufe mixen. In ein Glas geben und sofort genießen.

Variation: Da die Zitrone nicht ganz von den weißen Schalenanteilen befreit ist, wird der Cocktail etwas bitter, wenn Sie ihn nicht sofort trinken. Sie können daraus auch Limonade machen, indem Sie beim Mixen etwa 100 Milliliter Mineralwasser ohne Kohlensäure dazugeben und die Citronnade im Glas mit 100 Milliliter sprudelndem Mineralwasser aufgießen.

FRAPPUCCINO

Ein Eiskaffee, für den Sie vorher nicht einmal Kaffee aufbrühen müssen. Geben Sie einfach die ganzen Kaffeebohnen in den Mixer und nach Belieben vegane Milch Ihrer Wahl dazu. Und auch das Filtern entfällt!

Für 1 großes Glas • 300 ml Soja- oder Reismilch in Bio-Qualität • 15 Kaffeebohnen • 2 Stücke Zartbitterschokolade (Kakaoanteil etwa 70 %) • 1 Dattel (etwa 10 g) zum Süßen (nach Belieben mehr) • Mark von ½ Vanilleschote • 6 Eiswürfel

Alle Zutaten in der angegebenen Reihenfolge in den Turbo-Mixer geben. Beim Mixen langsam die Geschwindigkeit steigern. Zum Schluss 45 Sekunden auf höchster Stufe pürieren.
In ein großes Glas geben, ein Strohhalm dazu und eisgekühlt trinken.

Variation: Ersetzen Sie den Kaffee durch Ihren Lieblings-Getreidekaffee. Noch cremiger wird der koffeinfreie Frappucino, wenn Sie 1 Esslöffel vollfette Kokosmilch dazugeben.

Tipp: Für Liebhaber von frisch gemahlenem Kaffee ist ein Hochleistungsmixer ein Geschenk des Himmels, denn er macht es möglich, den Mahlgrad je nach Verwendungszweck frei zu wählen: superfein für die Espressomaschine oder vergleichsweise grob für Filterkaffee.

Vitamix

Desserts und gesunde Leckereien

Konfitüren
und Fruchtmuse

Mit dem Turbo-Mixer können Sie im Handumdrehen feines Kompott, Gemüse- oder Fruchtcoulis, Konfiture oder Brotaufstriche zubereiten – ohne anschließend das köstliche Mus durch ein Sieb streichen zu müssen.

Aus gekochten Früchten: Dafür können Sie alle Obstsorten verwenden – ob mit oder ohne Stein, mit oder ohne Kerne, aus dem Backofen oder aus den Dampfgarer. Ersparen Sie sich das Schälen: Der Turbo-Mixer zerkleinert die Schale oder äußere Haut so fein, dass Sie sie im fertigen Fruchtpüree nicht herausschmecken werden. Süßen Sie die Früchte nach Belieben mit Honig, Agavendicksaft, Reismalz oder Ahornsirup, bevor Sie das Mus herstellen. Für ein Mus mit Fruchtstückchen stellen Sie den Mixer auf Stufe 1 bis 5 ein. Für ein feines, glattes Mus sollten Sie die Masse 20 bis 30 Sekunden lang auf höchster Stufe pürieren und eventuell noch etwas Flüssigkeit (ggf. auch Zitronen- oder Orangensaft) dazugeben.

Aus rohen Früchten: Durch das Mixen tritt der Eigengeschmack der Früchte noch stärker hervor. Ein paar zusätzliche Tropfen Zitronensaft verhindern, dass das Fruchtmus oxidiert. Ist Ihr Mus zu flüssig geworden, geben Sie ein paar Bananenscheiben dazu und mixen Sie es noch einmal kurz durch. So können Sie, falls gewünscht, zudem den Säuregehalt reduzieren. Durch Nüsse und Mandeln wird Ihr Fruchtmus etwas stückiger. Und wenn Sie ein cremigeres Mus zubereiten wollen, ohne den Geschmack zu beeinflussen, sollten Sie sich für Flohsamenschalen sowie Lein- oder Chiasamen entscheiden. Geben Sie zum Andicken 1 bis 2 Teelöffel davon auf 150 Milliliter Fruchtmus (z. B. aus 3 Birnen oder Äpfeln).

Chia-Sauerkirsch-Mus mit Kardamom

Dieses zuckerarme Fruchtmus geliert durch die Chiasamen ganz ohne Kochen – und ist darüber hinaus auch noch reich an Omega-3-Fettsäuren.

Für 1 Glas

300 g Sauerkirschen ohne Stein
2 Kapseln grüner Kardamom
3 EL Chiasamen
2 EL Ahornsirup oder Agavendicksaft (nach Belieben mehr)
ein paar Tropfen Zitronensaft

Die Sauerkirschen in den Mixer geben. Die schwarzen Körner der Kardamomkapseln ebenfalls in den Mixer geben. Chiasamen, Süßungsmittel Ihrer Wahl und Zitronensaft hinzufügen. Bei mittlerer Geschwindigkeit (Stufe 6 bis 7) etwa 45 bis 60 Sekunden pürieren. In ein sauberes Glas füllen und vor dem Servieren 1 Stunde im Kühlschrank kalt stellen. Das Mus lässt sich wie eine traditionelle Konfitüre verwenden und bleibt im Kühlschrank 5 Tage frisch.

Süße Brotaufstriche

Cocochoco

Für 1 kleines Glas

100 g Fleisch einer jungen Kokosnuss, geraspelt
100 g Vollmilch-Kuvertüre in Bio-Qualität

Das Kokosfleisch im Mixer 15 Sekunden lang auf höchster Stufe pürieren. Mixer anhalten und das Kokosfleisch mit dem Spatel vom Boden und von den Wänden des Mixgefäßes lösen. Diesen Vorgang 7- bis 8-mal wiederholen. Kuvertüre dazugeben und auf höchster Stufe einarbeiten. Erneut den Mixer anhalten und die Masse mehrfach mit dem Spatel ablösen. Die Kuvertüre schmilzt langsam und das Mixgut wird flüssig. Anschließend noch einmal 15 Sekunden auf maximaler Geschwindigkeit pürieren, damit der süße Aufstrich schön glatt wird. In ein Deckelglas füllen und im Kühlschrank höchstens 10 Tage aufbewahren. Wenn die Creme hart wird, einfach in ein warmes Wasserbad stellen.

Feine Creme aus Trockenfrüchten

Diese leckere Paste können Sie aufs Frühstücksbrot streichen, Sie können damit Ihren Kuchen garnieren oder Ihre Plätzchen zusammenkleben.

Für 1 großes Glas (etwa 280 Gramm)

125 Rosinen in Bio-Qualität
125 g Cranberrys in Bio-Qualität
600 ml Wasser, grüner bzw. schwarzer Tee oder Kräutertee
½ Vanillestange oder 1 kleines Stückchen Zimtstange

Am Vorabend die Trockenfrüchte in der Flüssigkeit einweichen. (Keine Obstsäfte verwenden, da die Paste ansonsten zu süß wird.) Am nächsten Tag abgießen und in einer Salatschleuder trocknen. Auf einem Backblech verteilen und weitertrocknen lassen. Dann in den Mixer geben. Vanille oder Zimt hinzufügen und 30 Sekunden auf Stufe 5 oder 6 mixen. Dabei die Früchte mit dem Stopfer immer wieder in das Schneidwerk drücken, bis sie grob zerkleinert sind. Anschließend 45 bis 60 Sekunden auf höchster Stufe mixen, dabei das Mixgut erneut mehrfach mit dem Stopfer gegen die Messer drücken, bis eine glatte Creme entsteht. In ein sauberes Deckelglas geben und im Kühlschrank höchstens 1 Woche aufbewahren.

Karamellisierte Apfelbutter mit salziger Note

Diese traditionelle Leckerei aus Nordamerika ist ein willkommenes Mitbringsel für Freunde und Verwandte.

Für 2 kleine Gläser (etwa 400 Gramm) • 4 saure Äpfel (Cox Orange oder Reinette, etwa 600 g Fruchtfleisch) • 70 g kalt geschleuderter Honig oder natürliches Süßungsmittel Ihrer Wahl (Agavensirup oder Reismalz) • 1 EL Apfelessig in Bio-Qualität • 1 Messerspitze Zimtpulver • eine kleine Menge Wasser • 60 g Butter • ¼ Vanilleschote • 2 Prisen feines Meersalz

Die Äpfel schälen, vom Kerngehäuse befreien und in Stücke schneiden.
In einem flachen Topf Apfelstücke, Honig, Essig und Zimt mit 1 EL Wasser aufkochen.
Den Deckel aufsetzen, die Hitze auf ein Minimum reduzieren und 15 bis 20 Minuten köcheln lassen, bis die Äpfel beim Umrühren zerfallen. Den Kochvorgang genau beobachten und zwischendurch immer wieder umrühren: Das Kompott sollte vergleichsweise fest sein und die Äpfel sollten karamellisieren.
Das Kompott in den Mixer geben. Vanille, Salz sowie Butterflocken hinzufügen und 30 bis 45 Sekunden auf höchster Stufe mixen.
In sterilisierte Gläser füllen. Die Apfelbutter bleibt im Kühlschrank bis zu 2 Wochen frisch, kann aber auch eingefroren werden.

Wärmender Erkältungstrunk

Sie sind leicht verschnupft? Die Grippe ist im Anzug? Der Winterblues hat Sie gepackt? Dieser gesunde Trunk weckt Ihre Lebensgeister! Gießen Sie das Konzentrat mit heißer Flüssigkeit (Tee oder Kräutertee) auf und trinken Sie es 2- bis 3-mal täglich.

Für 2 oder 3 Tage

- 1 EL getrockneter Thymian
- 100 ml Wasser
- 1 große Zitrone, 1 kleine Orange oder 2 Clementinen, jeweils in Bio-Qualität
- 10 g frische Ingwerwurzel
- 10 g frische Kurkumawurzel
- 1–2 EL kalt geschleuderter Honig (wahlweise)

Gießen Sie den Thymian mit dem heißen Wasser auf.
Waschen Sie die Zitrusfrucht sorgfältig. Halbieren Sie sie, um die Kerne zu entfernen. Die Schale sollte intakt bleiben. Schneiden Sie die Zitrusfrucht mit Schale klein und geben Sie sie in den Mixer. Ingwer und Kurkuma schälen und dazugeben. Honig und Thymiantee hinzufügen und bei hoher Geschwindigkeit 30 Sekunden pürieren, bis eine glatte Masse entsteht.
In ein sauberes Glas füllen und im Kühlschrank aufbewahren. Innerhalb von 4 Tagen verbrauchen.

Variation: Sie können den Tee ganz nach Belieben auswählen. Ich habe mich für Thymian entschieden, da er antibakteriell und antiviral wirkt. Ebenso wohltuend sind Lindenblüten, Melisse oder Zitronenmelisse.

Torta caprese BIANCA

Machen Sie mit Ihrem Turbo-Mixer doch mal einen Kuchen. Dann haben Sie auf jeden Fall wenig schmutziges Geschirr ... und einen Kuchen, der schnell auf den Teller gezaubert ist. Und Sie müssen kein Eiweiß schlagen! Für Nusskuchen, wie dieses traditionelle Rezept von der Insel Capri, ist der Hochleistungsmixer ein unverzichtbarer Helfer. Traditionell wird die Torta mit Mandeln und Zartbitterschokolade zubereitet. Hier eine leckere Variation mit weißer Schokolade und frischen Zitronen.

Für 6 Personen • 2 Bio-Zitronen • 200 g ganze Mandeln in Rohkostqualität • 120 g heller Mascobado-Vollrohrzucker • 5 Eier • 180 g weiße Schokolade • 100 ml mildes Olivenöl plus eine kleine Menge zum Einfetten • 50 g Kartoffel- oder Maisstärke • 1 TL Weinstein-Backpulver • 1 Prise feines Meersalz

Den Backofen auf 160° C vorheizen. Eine Springform von 23 bis 24 Zentimetern Durchmesser leicht einölen. Die Zitronenschale mit dem Sparschäler entfernen. Zitronen auspressen. Mandeln und Zucker in den Mixer geben und 20 Sekunden auf Stufe 5 bis 6 mixen. Auf Stufe 1 schalten und durch die Öffnung im Deckel ein Ei nach dem anderen dazugeben. Dann die in Stücke gebrochene Schokolade, Olivenöl, Stärkemehl, Backpulver, Zitronenschale und -saft sowie das Salz. Auf Höchstgeschwindigkeit 90 Sekunden mixen. Den Teig in die Form gießen und 45 bis 50 Minuten backen, bis beim Anstechen kein flüssiger Teig mehr hängen bleibt. Ein paar Minuten in der Form abkühlen lassen, erst dann herausnehmen. Abgekühlt servieren.

Tipp: Um das Zitrusaroma zu verstärken, können Sie 1 Esslöffel Limoncello (italienischen Zitronenlikör) dazugeben.

Crêpes

Im Turbo-Mixer werden Ihre Crêpes besonders fluffig. Und es bilden sich garantiert keine Klümpchen, da alle Zutaten perfekt durchmischt werden. Zudem wird der Teig beim Mixen leicht erwärmt, wodurch die Backtriebmittel besser arbeiten können.

Marokkanische Crêpes (Baghrir)

Für 8 bis 10 Stück

450 ml Wasser
1 EL (20 g) kalt geschleuderter Blütenhonig
250 g Hartweizenmehl
5 g Trockenhefe in Bio-Qualität
1 TL Natriumbikarbonat
½ TL feines Meersalz
Olivenöl zum Ausbacken

Wasser und Honig in den Mixer geben. Mehl, Hefe, Natriumbikarbonat sowie Salz dazugeben und 2 Minuten auf höchster Stufe mixen. Den Teig in eine Schüssel gießen und 1 Stunde ruhen lassen, bis sich kleine Bläschen bilden. Eine beschichtete Pfanne einölen und heiß werden lassen. Anschließend 1 kleine Kelle Teig hineingeben und auf mittlerer Flamme ausbacken, bis auf der Oberfläche kleine Bläschen erscheinen. Baghrir werden nur auf einer Seite gebacken. Herausnehmen und weitere Crêpes ausbacken. Genießen Sie Baghrir mit zerlassener Butter und Honig, in den Sie nach Belieben Orangenblütenwasser einrühren können, oder mit „Amlou" (siehe Rezept unten).

Amlou

Ein wunderbar aromatischer Aufstrich aus Mandeln, Honig und Arganöl, der in Marokko traditionell zu Baghrir gereicht wird.

Für 1 kleines Glas

125 g geschälte Mandeln in Rohkostqualität
250 ml Arganöl in Bio-Qualität
50 g kalt geschleuderter Akazienhonig

Rösten Sie die Mandeln 15 Minuten bei 150° C im Backofen, bis sie goldbraun sind. Achten Sie darauf, dass sie nicht zu dunkel werden! Anschließend abkühlen lassen. Mit Öl sowie Honig in den Mixer geben und 20 Sekunden auf Stufe 5 mixen, dann noch einmal 30 Sekunden auf höchster Stufe, bis eine cremige Paste entsteht. In ein sauberes, trockenes Glas füllen. Amlou lässt sich bis zu 1 Monat aufbewahren.

Schnelle Cremes
zum Dessert

Mit etwas Flüssigkeit schmilzt Schokolade im Turbo-Mixer von selbst. Das Erwärmen im Wasserbad können Sie sich also sparen! So können Sie im Handumdrehen eine einfache Schokocreme zaubern, die Ihren Kaffee oder Ihre Plätzchen verfeinert.

Schokoladencreme

Für 6 Gläser (à 80 bis 100 Milliliter)

2 große Bio-Eier
180 g Milch-, Zartbitter- oder Bitterschokolade
100 ml heiße Flüssigkeit (z. B. Kaffee, Getreidekaffee oder mit Zitrusschalen aromatisierter Tee)

Die Eier in den Mixer schlagen. Schokolade in Stücke brechen, dazugeben und 30 Sekunden auf Stufe 5 bis 6 mixen. Langsam die Geschwindigkeit auf 10 steigern, dabei durch die Öffnung im Deckel die Flüssigkeit einlaufen lassen. 45 Sekunden auf höchster Stufe pürieren. In kleine Gläser gießen und etwa 4 Stunden kalt stellen, bis die Creme fest geworden ist.

Variation: Andere Zutaten für diese Creme sind Bitterschokolade mit 70 Prozent Kakaoanteil, unbehandelte Schale von 1 Orange und mit Zitrusschalen aromatisierter Tee; Milchschokolade und Ingwer-Zitronengras-Tee; Zartbitterschokolade und Kokosmilch; Bitterschokolade mit 60 Prozent Kakaoanteil und Getreidekaffee ...

Vegane Vanillecreme (Crème Pâtisserie)

Für 1 Obsttorte von 22 bis 24 Zentimetern Durchmesser

200 g Cashewkerne in Rohkostqualität
50 ml Zitronensaft
3 EL (60 g) Ahornsirup oder Reismalz
2 Prisen feines Meersalz
½ Vanilleschote

Die Cashewkerne 4 Stunden einweichen. Abgießen und gründlich abspülen. Mit Zitronensaft, Süßungsmittel, Salz und klein geschnittener Vanilleschote in den Mixer geben. Das Mixgut ständig mit dem Stopfer ins Schneidwerk drücken und die Geschwindigkeit langsam auf Stufe 10 erhöhen. Anschließend noch 30 Sekunden auf höchster Stufe pürieren, bis eine glatte Creme entsteht.

Vitamix

Vegane Obsttörtchen

Für diese Köstlichkeit brauchen Sie keinen Backofen. Mit dem Turbo-Mixer sind Nüsse und Mandeln im Handumdrehen zu einem knusprigen Boden vermahlen, den Sie mit Ihren Lieblingsfrüchten oder Früchten der Saison belegen können ... Guten Appetit!

Für 6 Personen (6 Törtchen oder 1 Tarte von etwa 20 Zentimetern Durchmesser)

Boden:

5 Datteln ohne Stein (etwa 50 g)
150 g ganze Mandeln in Rohkostqualität
40 g Haselnüsse
2 EL (etwa 30 g) Chiasamen
2 Prisen feines Meersalz
1 EL (etwa 20 g) Ahornsirup oder Reismalz
2 EL (etwa 25 g) flüssiges Kokosfett in Bio-Qualität
½ Vanilleschote

Belag:

250 g Himbeeren
40–50 g Vollrohrzucker (je nach Säuregrad der Himbeeren)
1 g Agar-Agar-Pulver
4–5 Bananen (je nach Größe)
Saft von ½ Zitrone
1 Bio-Limette

Boden: Datteln klein schneiden. Wenn sie zu trocken sind, etwa 30 Minuten in heißem Wasser einweichen, dann abgießen und trocken tupfen. Ungeschälte Mandeln und Haselnüsse sowie Chiasamen sowie Salz in den Mixer geben und 15 Sekunden auf Stufe 3 bis 4 mixen. Die Nüsse und Mandeln sollten Sie jedoch nicht zu Mus pürieren. Die Mischung in eine Schüssel geben. Mit Datteln, Ahornsirup, Kokosfett und Vanille vermixen. Auf die Nussmasse gießen und mit einem Spatel gründlich vermengen. Eine Springform von ca. 20 Zentimetern Durchmesser oder 6 Tartelette-Formen leicht einölen. Die Nussmasse hineingeben und mit den Fingern andrücken. An den Seiten leicht nach oben drücken. Mindestens 4 Stunden in den Kühlschrank stellen.

Belag: Himbeeren und Zucker in den Mixer geben und 60 Sekunden bei hoher Geschwindigkeit glatt pürieren. In einen flachen Topf geben, Agar-Agar unterrühren und unter ständigem Rühren aufkochen lassen. Anschließend noch etwa 1 Minute bei kleiner Hitze köcheln lassen. Die Masse 10 Minuten abkühlen lassen. Dabei immer wieder umrühren, damit sich keine Haut bildet. Auf den Kuchen gießen. Mit dem Löffel die Oberfläche glätten und 1 Stunde in den Kühlschrank stellen. Die Bananen schälen, in Scheiben schneiden und mit Zitronensaft beträufeln, damit sie nicht braun werden. Auf der Himbeermasse verteilen und mit geriebener Zitronenschale bestreut servieren.

Gewürzzucker

Mit einem Hochleistungsmixer müssen Sie nie wieder Puderzucker oder gemahlenen Kaffee kaufen. Machen Sie einfach beides selbst, und bestimmen Sie, wie fein Sie Ihren Zucker oder Kaffee haben wollen. Das gilt natürlich auch für Gewürze wie Vanilleschoten, Zimt oder Süßholz. Mahlen Sie immer nur so viel, wie Sie gerade brauchen.

Aromatischer Gewürzzucker mit Zimt und Anis

Für 1 kleines Glas

1 Zimtstange (etwa 2 cm)
1 Stück Muskatnuss oder 1 Prise Macisblüte
2 ganze Gewürznelken
2 TL Anissamen
1 Sternanis
1 TL Ingwerpulver
8 Körner schwarzer Pfeffer
150 g heller Mascobado-Vollrohrzucker

Die Gewürze in den Power-Mixer geben und 30 Sekunden bei hoher Geschwindigkeit pürieren, bis ein feiner Puder entsteht. Den Mixer ausschalten, den Zucker durch die Öffnung im Deckel einrieseln lassen und auf Stufe 2 kurz durchmixen.

Tipps: Würzen Sie Ihre Bratäpfel mit Gewürzzucker. Oder machen Sie aus hellem Rührkuchen einen Gewürzkuchen, indem Sie die Hälfte des Zuckers durch Gewürzzucker ersetzen. Wunderbar schmeckt er auch zu Quarkspeisen, Joghurt oder in heißer Milch.

Heiße Schokolade mit feiner Vanillenote

Ergibt 15 Tassen à 200 Milliliter

½ Vanilleschote
40 g heller Mascobado-Vollrohrzucker
200 g dunkle Kuvertüre in Bio-Qualität, gerieben
300 g helle Kuvertüre in Bio-Qualität
50 g ungesüßtes Kakaopulver in Bio-Qualität
30 g Pfeilwurzelmehl oder Stärkemehl
1 Prise feines Meersalz

Vanilleschote und Zucker in den Mixer geben und 20 Sekunden lang pürieren. Mit geriebener Kuvertüre, Kakaopulver, Pfeilwurzelmehl und Salz vermischen. In einem luftdicht verschlossenen Glas aufbewahren. Für eine heiße Schokolade 200 Milliliter Milch (Mandelmilch) zum Kochen bringen, 1 gehäuften Esslöffel der Mischung einrühren und erneut aufkochen lassen. So wird Ihr Kakao schön samtig und wärmt die Seele.

Sorbet

Mixen Sie einfach Ihre Tiefkühlfrüchte kurz durch, wenn's schnell gehen soll mit der geeisten Nachspeise. Die Fruchtmasse ergibt ein äußerst gesundes Eis ohne Zucker- oder Fettzusatz! Wollen Sie Früchte und Gemüse mixen (eine wahre Götterspeise: Himbeeren und Paprika)? Geben Sie am besten eine tiefgefrorene Banane dazu, dann wird die Mischung noch cremiger. Glatter wird das Püree, wenn Sie nicht gefrorene Zutaten wie Kräutertee, Joghurt, Kokosmus oder Wasser hinzufügen.

Für besonders feines Eis gibt es nur zwei einfache Regeln: Mixen Sie nie zu viel auf einmal. (Verarbeiten Sie die Zutaten lieber in mehreren Durchgängen.) Und achten Sie darauf, dass die nicht gefrorenen Zutaten nicht mehr als ein Drittel der Gesamtmasse ausmachen.

Statt Joghurt oder Flüssigkeit können Sie auch ½ Avocado dazugeben. Sie lässt Ihr geeistes Dessert himmlisch cremig werden. Doch Vorsicht: Damit verändert sich seine Farbe.

Zuckerfreies Sorbet aus roten Früchten

Diese Nachspeise können Sie Ihren Kindern nicht abschlagen: Schließlich besteht sie nur aus gesunden Zutaten!

Für 4 Personen • 1–2 Bananen (140 g ohne Schale) • 250 g Naturjoghurt (wahlweise aus Ziegen- bzw. Sojamilch) • 250 g rote TK-Früchte (z. B. Himbeeren, Kirschen, Erdbeeren, Heidelbeeren, Brombeeren oder Johannisbeeren)

Die Bananen schälen, in Scheiben schneiden und auf einen Teller legen. 3 Stunden in den Gefrierschrank stellen, bis sie hart sind.

Kurz vor dem Servieren den Joghurt in den Mixer geben. Bananen und rote Früchte direkt aus dem Gefrierschrank in den Mixer geben und auf Stufe 7 bis 8 pürieren, dabei das Mixgut mit dem Stopfer in die Messer drücken. Wenn alle Zutaten gut vermischt sind, ein paar Sekunden lang auf höchster Stufe pürieren. Sofort servieren und genießen!

Piña-Colada-Sorbet

Servieren Sie diese festliche Cremespeise als Überraschung und verwöhnen Sie Ihre Gäste mit dem vollen Geschmack des Cocktail-Klassikers aus Puerto Rico.

Für 4 Personen • 120 ml Kokosmilch, vollfett • 1 Prise Madras-Curry (Menge nach Bedarf) • 1–2 geschälte Bananen (etwa 140 g) • 250 g tiefgefrorene Ananasstücke • 1 EL Rum

Die Kokosmilch in den Mixer geben. Curry, Bananen und Ananas hinzufügen.
Auf Stufe 5 mixen, dabei die Zutaten mit dem Stopfer mehrfach in die laufenden Messer drücken, bis alles gut durchmischt ist. Dann 30 Sekunden auf höchster Stufe pürieren, dabei das Mixgut weiter nach unten drücken, damit ein glattes Püree entsteht.
Den Mixer anhalten, den Rum durch die Öffnung im Deckel einlaufen lassen und 3 Sekunden auf niedriger Geschwindigkeit (Stufe 2 bis 3) weitermixen.
In Dessertschalen geben und sofort servieren.

Verzeichnis der Rezepte

Amlou	64
Aromatischer Gewürzzucker mit Zimt und Anis	70
Birne Helene	40
Buchweizen-Polenta mit Champignons	17
Chia-Sauerkirsch-Mus mit Kardamom	54
Citronnade	48
Cocochoco	56
Cremige Thaisuppe mit Mais	47
Erfrischender Gurken-Mojito	48
Feine Creme aus Trockenfrüchten	56
Flüssige Veggie-Sahne	20
Frappucino	50
Gazpacho	44
Glutenfreie Mehlmischung aus Flocken	14
Grüne Power-Suppe	46
Grüner Panther	38
Hanf-Sesam-Milch	34
Heiße Schokolade mit feiner Vanillenote	70
Hummus mit Hanfsamen	22
Italienische Tomaten-Gewürzmischung	29
Karamellisierte Apfelbutter mit salziger Note	58
Lady in Red	38
Marokkanische Crêpes (Baghrir)	64
Pastinaken-Pfannkuchen	26
Piña-Colada-Sorbet	74
Reismilch mit feinem Kastanienaroma	34
Rohkostteller mit Erdnusssauce	24
Schnelle Karottensuppe mit Orangensaft und Curry	42
Schneller Coleslaw (Krautsalat)	26
Schneller Pizzateig	16
Schokoladencreme	66
Sonnenblumencreme mit Feldsalat und Petersilie	18
Sonnenkuss – ein Smoothie	35
Süßkartoffel-Mousseline mit feiner Erdnussnote	28
Torta caprese bianca	62
Vegane Obsttörtchen	68
Vegane Vanillecreme (Crème Pâtisserie)	66
Veggie-Creme	20
Wärmender Erkältungstrunk	60
Winter-Smoothie	40
Würzige Tapenade mit getrockneten Feigen	22
Zuckerfreies Sorbet aus roten Früchten	72

Literaturempfehlungen

Boutenko, Victoria: *Detox mit grünen Smoothies. Die 7-Tage-Entgiftungskur.* Emmendingen: Hans-Nietsch-Verlag 2015

Boutenko, Victoria: *Green for Life. Der Klassiker zum Thema „Grüne Smoothies".* Aktualisierte Neuauflage. Emmendingen: Hans-Nietsch-Verlag 2014

Boutenko, Victoria: *Grüne Smoothies. Die 100 besten Zutaten für Gesundheit & Wohlbefinden.* Emmendingen: Hans-Nietsch-Verlag 2015

Boutenko, Victoria: *Grüne Smoothies. Der Bestseller von der Erfinderin der Grünen Smoothies.* Aktualisierte Neuauflage. Emmendingen: Hans-Nietsch-Verlag 2015

Boutenko, Victoria: *Der grüne Zaubertrank.* Emmendingen: Hans-Nietsch-Verlag 2013

Kügler-Anger, Heike: *Vegane Rohköstlichkeiten aus dem Mixer. Smoothies, Suppen, Eiscreme und mehr.* Darmstadt: pala-verlag 2013

Masters, Tess: *Das Mixer-Kochbuch. 100 super-leichte, super-gesunde Rezepte, glutenfrei und vegan.* Aarau: AT Verlag 2015

Payany, Estérelle: *Ein Kuss aus der Küche. Heiß geliebte Klassiker selbst gemacht.* München: Edition Michael Fischer 2014

Payany, Estérelle, und Clea: *Veggie Burger.* Weil der Stadt: Hädecke Verlag 2014

Bezugsquellen

Kaufen Sie Ihren Turbo-Mixer am besten bei einem Fachhändler. Die auf Seite 6 f. genannten Hochleistungsmixer sind beispielsweise bei folgenden spezialisierten Online-Shops erhältlich:

Bianco: *www.gruenesmoothies.de, www.amrita.de*
Personal Blender: *www.keimling.de, www.perfektegesundheit.de, www.purenature.de*
Vitamix: *www.gruenesmoothies.de, www.amrita.de, www.keimling.de, www.vitamix.de*

Linda, danke für deine Geduld.
Laurence, danke für dein Vertrauen.
Ein Dankeschön geht auch an das Café Pinson (58, Rue du Faubourg Poissonnière, 75010 Paris) für die herzliche Aufnahme und an Nicolas Aubagnac.
Und: Linda Louis dankt dem Versender Nature et Vitalité (*www.nature-vitalite.com*) für die Leihgabe des *KomoMix*.

Titel der Originalausgabe: *Superblender* erschienen bei *Editions La Plage*, Paris

Translation Rights arranged with *Editions La Plage*, Paris

Lektorat: Ute Orth
Korrektorat: Ulrike Oberländer
Fotos: Linda Louis; Coverfoto: Svenja Wesseloh, Fotos Seite 5, 6, 43: Shutterstock
Illustration: Lavandaart/Shutterstock
Gestaltung: Kurt Liebig, David Cosson
Druck: Dimograf Sp. z o.o., Bielsko-Biała/Polen

Hans-Nietsch-Verlag
Am Himmelreich 7
79312 Emmendingen

www.nietsch.de
info@nietsch.de

ISBN 978-3-86264-363-9

Estérelle Payany
Gesunde Power aus dem Entsafter
Säfte, Suppen, Snacks & Desserts
Für ein Optimum an Vitalstoffen jeden Tag
vegetarisch/ vegan
HANS-NIETSCH-VERLAG